ÉTUDE

SUR LA

BATAILLE DE REZONVILLE

Paris. — Imprimerie de J. DUMAINE, rue Christine, 2.

ÉTUDE

SUR LA

BATAILLE DE REZONVILLE

(16 Août 1870)

PAR

M. TUMEREL

CHEF DE BATAILLON D'INFANTERIE.

AVEC 2 PLANCHES.

Extrait du **Journal des Sciences militaires.**
(Novembre 1875).

PARIS

IMPRIMERIE ET LIBRAIRIE MILITAIRES
J. DUMAINE
30, RUE ET PASSAGE DAUPHINE, 30

1875

ÉTUDE

sur la

BATAILLE DE REZONVILLE

(16 Août 1870).

L'étude de la bataille du 16 août 1870, dite de Rezonville, présente un intérêt capital. En ce jour se décidèrent l'avenir de l'armée du Rhin et par suite celui de la France. Si, en effet, l'armée du Rhin eût fait éprouver aux forces prussiennes qui l'attaquèrent si témérairement, un désastre complet, — ce qui, dans notre conviction, était possible, comme nous chercherons à le prouver dans cette étude, — après un succès glorieux qui eût rehaussé son moral, elle aurait pu rejoindre sûrement l'armée qui se réunissait au camp de Châlons; cette imposante réunion de forces, bien dirigée, aurait permis de continuer la lutte dans des conditions favorables; l'histoire n'aurait pas eu à enregistrer les capitulations des armées de Sedan et de Metz et à les transmettre à la postérité.

Ce jour-là, l'armée française était encore pleine de confiance en elle-même, ne craignait pas de rencontrer un ennemi même supérieur en nombre, brûlait du désir de venger les échecs qui avaient signalé le début de la campagne; et, depuis ce jour, se disant, à juste titre, victorieuse, elle est cependant persuadée que le succès n'eût pas dû se borner à repousser l'ennemi, mais qu'il eût pu être plus complet, plus décisif.

Cette bataille donne l'exemple d'une armée en marche, assaillie sur un de ses flancs, et, à ce point de vue, son étude est instructive.

Nous allons non pas la développer dans ses détails, mais en faire ressortir les lignes générales, les points les plus saillants, la comparer aux faits de guerre du passé présentant le même caractère qu'elle sous le rapport des manœuvres, rappeler les règles établies par les auteurs militaires les plus expérimentés; les conclusions que nous en déduirons auront alors un fondement assuré et approcheront peut-être de la vérité.

I

Le commandant en chef de l'armée française avait mis, dès le 14 août, l'armée en mouvement de Metz sur Verdun. La bataille de Borny, l'encombrement des ponts et des routes avaient retardé l'opération.

Le 16 au matin, l'armée occupait les positions suivantes : le 2ᵉ corps campait un peu en avant de Rezonville et à gauche de la route Metz—Mars-la-Tour ; le 6ᵉ corps, à droite de la route, sur les hauteurs qui s'étendent entre Rezonville et Villers-aux-Bois, ayant la division Tixier à Saint-Marcel pour se relier au 3ᵉ corps ; le 3ᵉ corps, moins deux divisions, dont l'une, la division Aymard, partie de la porte de Thionville, n'arriva qu'entre onze heures et midi, et dont l'autre ne put rejoindre, entre Vernéville et Saint-Marcel, face au bois Doscuillons ; la garde, la réserve d'artillerie et les parcs de munitions, à Gravelotte ; le 4ᵉ corps qui, le 15 au soir, s'était arrêté un peu en avant de Woippy sur la route de Briey, s'était mis en marche de grand matin, par la route de Sainte-Marie-aux-Chênes, sur Doncourt, où ses têtes de colonnes arrivaient vers dix heures et demie. La division de cavalerie du 2ᵉ corps, à Vionville, éclairait la route de Mars-la-Tour ; celle du général du Barail, réduite à un régiment, à Doncourt, éclairait la route d'Etain par Jarny.

Trois corps, le 2ᵉ, le 6ᵉ, la garde, pouvant être appuyés par le 3ᵉ, se trouvaient donc réunis dans un espace assez restreint. Le maréchal Bazaine savait qu'il n'avait plus rien à craindre du côté du nord, que le danger était du côté de Gorze.

Le 3ᵉ corps ayant encore deux divisions fort en arrière, le 4ᵉ corps n'étant pas encore à la hauteur du 2ᵉ et du 6ᵉ, la marche en avant de ces derniers fut différée, ce qui a été reproché au commandant en chef. Certes, il eût été préférable que le 6ᵉ corps fût allé, le 16 au matin, s'établir vers Mars-la-Tour en prenant des précautions sur son flanc gauche ; en cas d'attaque, les corps occupant la route Metz—Mars-la-Tour n'auraient eu qu'à faire face à l'ennemi par un à-gauche et auraient pu prendre immédiatement une offensive hardie, tandis que, attaqués dans les positions données plus haut, trouvant devant eux l'ennemi qui s'était rendu maître de Mars-la-Tour sans difficulté, ils durent faire face à l'ouest et au sud, formation désavantageuse qui les amena à rester tout d'abord sur la défensive et à perdre un temps précieux avant de prendre une ligne de bataille parallèle à la route Metz—Mars-la-Tour. Mais si une armée, marchant en colonnes sur plusieurs routes, est menacée d'une attaque sur un de ses flancs, les colonnes les plus éloignées du flanc menacé ne doivent-elles pas être les plus avancées, de telle sorte que, si l'attaque se produit, elle ne se fasse pas dans le flanc et sur les derrières des colonnes en marche, mais qu'elle ne puisse avoir lieu que dans le flanc et en avant du front de marche de ces colonnes? Dès lors, le retard ordonné, qui devait permettre à l'armée de marcher concentrée, peut-il être condamné?

Un des exemples les plus remarquables d'une marche de flanc en présence de l'ennemi est, en 1809, celle du corps du maréchal Davout se dirigeant, sur la rive droite du Danube, à travers un pays très-montueux, très-boisé, très-couvert, de Ratisbonne à Abensberg, à l'effet de rejoindre, en ce point, les forces réunies par l'Empereur, et ayant sur son flanc gauche l'armée de l'archiduc Charles.

Le maréchal Davout forma quatre colonnes : la première, composée des bagages, des gros charrois d'artillerie, dut prendre la route large et belle, longeant le Danube, mais formant le défilé d'Abach, et partir la première; aux deux suivantes, devant se mettre en route après la précédente et l'une après l'autre, composées chacune de deux divisions d'infanterie, précédées et suivies de cavalerie, étaient réservés, à gauche de la grande route du Danube, des chemins de villages, passant d'un revers à l'autre des hauteurs; la quatrième, la plus à gauche, partant la dernière afin d'éveiller le plus tard possible l'attention de l'ennemi, formant avant-garde composée de quatre régiments de cavalerie, de deux bataillons d'infanterie, d'une batterie d'artillerie, dut suivre la chaussée transversale de Ratisbonne à Eckmühl, observer les Autrichiens, les occuper, les tromper, les retenir, si c'était possible, servir de rideau aux deux colonnes d'infanterie, puis se rabattre à droite. L'ensemble de la marche présentait donc une disposition échelonnée, l'aile droite en avant, chaque colonne couvrant le flanc de celle qui se trouvait à sa droite.

L'archiduc Charles partant cependant de Rohr, non loin d'Abensberg, but de la marche du corps français, et marchant le même jour vers Ratisbonne avec des forces considérables (70,000 hommes), ne put arrêter les Français; il les atteignit à Tengen, lorsque la moitié des colonnes d'infanterie avait passé; le corps qu'il mit en ligne fut battu et repoussé; sa deuxième colonne, dirigée trop à droite sur Schneidart, rencontra l'avant-garde ou quatrième colonne des Français, qui lui résista vaillamment à Dinzling et lui échappa. A une marche parfaitement calculée, les Français avaient joint la rapidité, la cohésion, la fermeté dans les troupes.

II

Revenons au 16 août. Le plan de l'état-major prussien était, en observant Metz, sur la rive droite de la Moselle, au moyen des trois corps de la première armée et de deux divisions de cavalerie, de franchir, avec la deuxième armée, le fleuve au dessus de Metz, de chercher à prendre en flanc ou à déborder l'armée française, de lui couper la route de Verdun, puis ou de l'acculer à la frontière ou de la rejeter dans Metz et de l'y bloquer.

La bataille de Borny, livrée le 14, servit à la réalisation de ce plan, en ce sens qu'elle avait retardé la marche en retraite des corps français.

Le 15, l'armée prussienne était restée massée au sud de Metz, sur la rive droite, prête à recevoir toute attaque, d'ailleurs peu probable, de l'armée française, sortant de Metz; elle s'était assurée des passages d'Ars, de Novéant, de Pont-à-Mousson, et avait envoyé de fortes reconnaissances sur la rive gauche. Lorsque le mouvement des Français sur Verdun fut devenu une certitude, le prince Frédéric-Charles donna des ordres pour le passage de la Moselle et une vive attaque sur leur flanc droit le 16 ou le 17, mais il comptait ne livrer bataille que le 17.

La zone du terrain montueux, boisé, très-coupé, traversé par les chemins escarpés qui donnent accès sur le plateau, vers la route de Metz à Mars-la-Tour, le défilé important de Gorze, étaient occupés par l'ennemi, dans la nuit du 15 au 16, sans qu'aucun obstacle y fût apporté par nous, qui n'en étions cependant guère éloignés.

Si les ponts d'Ars et de Novéant eussent été coupés et leurs débouchés observés, si le défilé de Gorze, nœud des routes venant de la Moselle sur Rezonville, Vionville, Mars-la-Tour, et si facile à défendre, eût été occupé solidement le 15, la marche des diverses fractions des forces ennemies, lancées ce jour-là sur la rive gauche, eût été fortement entravée; l'armée française, prévenue à temps, eût pu prendre les dispositions de combat les plus favorables.

N'était-il pas encore important, dans la matinée du 16, de s'empresser de s'assurer du défilé de Mars-la-Tour, que la colonne de gauche devait suivre, et d'envoyer une avant-garde, destinée à devenir troupe de flanc pendant la marche de l'armée, occuper la hauteur de Tronville, à 1200 mètres sur le flanc de la route, qui domine toute la contrée. C'est en effet une règle établie (Jomini, Mathieu Dumas, Vial) que, « dans une marche prêtant le flanc à l'ennemi, il faut la couvrir par un corps détaché, par une colonne extérieure suivant les débouchés les plus rapprochés de l'ennemi et servant à couvrir l'ensemble de la marche, toujours prête à faire front dans la direction de l'attaque, jouant un rôle analogue au rôle de l'avant-garde et ayant une composition analogue; après cette colonne extérieure, viendront 2 ou 3 colonnes centrales composées de corps d'armée; enfin, sur le débouché le plus intérieur et par conséquent le plus sûr, on placera les parcs et les bagages. »

Le 16, partaient des bords de la Moselle : 1° vers 5 heures et demie du matin, de Novéant, de Champey, de Pont-à-Mousson, la 6ᵉ division de cavalerie et le 3ᵉ corps prussien, ayant pour points de direction Mars-la-Tour et Vionville ; 2° à 4 heures et demie, de Pont-à-Mousson, le 10ᵉ corps prussien, ayant pour objectif Saint-Hilaire, à 13 kilomètres à l'ouest de Mars-la-Tour. La 19ᵉ division d'infanterie de ce corps était déjà lancée en trois détachements sur la rive gauche ; le plus avancé était à Thiancourt pour soutenir la 5ᵉ division de cavalerie. Celle-ci était arrivée la veille à Xonville, d'où elle ne partit, le 16, vers Tronville qu'à 8 heures du matin ; elle s'était trouvée le 15 en contact avec notre cavalerie à Mars-la-Tour.

Ces deux corps, le 3ᵉ et le 10ᵉ, avaient en moyenne plus de 30 kilomètres à faire, par des chemins escarpés et difficiles, pour atteindre la route de Metz — Mars-la-Tour. Quelques portions du 9ᵉ corps, l'avant-garde du 12ᵉ, pouvaient encore passer, dans la journée du 16, soit à Novéant, soit à Pont-à-Mousson. L'ennemi ne pouvait compter mettre en ligne, le 16, d'autres forces que le 3ᵉ et le 10ᵉ corps, la 5ᵉ et la 6ᵉ division de cavalerie, la brigade des dragons de la garde mise à la disposition du 10ᵉ corps, si ce n'est quelques renforts venus de la 16ᵉ division du 8ᵉ corps, qui arrivait le 16 à Arry, près de la Moselle, et de la 18ᵉ division du 9ᵉ corps, qui atteignit, le 16, Arnaville. La garde avait passé la Moselle à Dieulouard le 15 au soir, et marchait, le 16, vers la Meuse, sur la route de Commercy ; le 4ᵉ corps, qui se concentrait à Marbache, sur la Moselle, était encore plus éloigné.

Ne pourrait-on reprocher aux Prussiens, comme une faute, au moment le plus critique de leurs opérations contre l'armée de Metz, alors que leur armée, effectuant le passage de la Moselle, était séparée en deux parties par cette rivière, d'avoir laissé deux corps et deux divisions de cavalerie exposés à se heurter contre toute l'armée française, ces deux corps ayant même des objectifs bien éloignés l'un de l'autre, Vionville et Saint-Hilaire, séparés par une distance de 17 kilomètres. Le prince Frédéric-Charles, il est vrai, croyait, lorsqu'il donnait ses ordres, le 15, pour la journée du 16, les Français en pleine retraite vers la Meuse, plus avancés qu'ils ne l'étaient, et son intention était de chercher à les rejoindre sur cette rivière. Ces deux corps isolés, qui marchaient vers le nord-ouest à la recherche de l'armée française, ne pouvaient être soutenus, dans la journée du 16, que tardivement par quelques fractions du 9ᵉ et du 8ᵉ corps doublant leurs étapes dans cette même journée. Tout le 9ᵉ corps passait sur la rive gauche de la Moselle, mais sa 25ᵉ division n'arrivait dans le bois des Ognons que vers 7 heures et demie du soir, et, très-tard dans la soirée, sa 18ᵉ division à Arnaville et l'artillerie de corps au sud de Gorze. La première armée, sur la rive droite, au sud de Metz, observait cette place; par sa gauche, c'est-à-dire par le 8e corps, elle touchait à la Moselle; sa 16e division d'infanterie arrivait à Arry à midi, après avoir parcouru 15 à 16 kilomètres; une brigade, trois escadrons et trois batteries de cette division, d'ailleurs dans ce moment incomplète, purent seulement arriver sur le champ de bataille avec trois bataillons de la 18e division du 9e corps. La 15e division du 8e corps ne put dépasser la Moselle. Les trois corps (garde, 4e et 12e), formant la gauche de la IIe armée prussienne, arrivaient, le 16, sur la rive gauche de la Moselle ou sur cette rivière (le 12e à Pont-à-Mousson), en des points qui, en moyenne, étaient éloignés de plus de 35 kilomètres du champ de bataille. Le 2e corps était encore à deux journées de marche en arrière sur la rive droite de la Moselle.

Lorsque l'Empereur, en 1805, tournait, par les vallées combinées du Necker et du Mein, l'armée autrichienne, établie sur l'Iller, il prêtait le flanc à celle-ci; aussi sa colonne de droite, exposée à être attaquée par l'ennemi, était-elle composée d'une masse de 50,000 hommes, sous les ordres d'un de ses généraux les plus fermes et les plus intrépides; les autres colonnes suivaient trois routes parallèles, à de telles distances, qu'en peu de temps Napoléon pouvait réunir sur le flanc menacé 90,000 à 100,000 hommes, chiffre supérieur à celui des troupes que les Autrichiens pouvaient mettre en ligne.

En 1806, ayant franchi la Saale, en trois points, sur un front d'une douzaine de lieues, il se trouvait sur le flanc de l'armée prussienne; il avait à poursuivre le double but de se garantir contre une attaque imprévue de sa part sur sa gauche et de la prévenir sur l'Elbe; ses mouvements furent combinés, dans les jours suivants, de manière que sa colonne de gauche, composée de deux corps, pût toujours être soutenue à temps par deux autres corps et la garde, et, décidé à aller chercher l'ennemi au delà de la Saale, il appelait à Iéna quatre corps et la garde, tandis que deux autres corps gardaient les passages inférieurs de la Saale menant à l'Elbe, de manière à pouvoir se prêter un mutuel appui.

III

La 5e division de cavalerie prussienne, chargée de reconnaître les campements des Français, ne se mit en marche vers Vionville qu'à 8 heures et demie du matin; c'est ainsi que les reconnaissances françaises, dont les habitudes étaient connues des Prussiens, dirigées de très-bonne heure vers Tronville, arrivèrent à ne signaler aucune force ennemie dans le voisinage des camps, qui furent surpris par l'apparition de cette même cavalerie et de ses batteries à 9 heures 1/4 près de Tronville.

Vers 9 heures du matin, les rapports de la cavalerie apprirent au chef du 3e corps prussien que les Français campaient au nord de Vionville et à l'est dans la direction de Rezonville. Il résolut aussitôt d'attaquer et fit faire à-droite à sa 6e division d'infanterie, arrivée près de Tronville. Entre 9 et 10 heures, les 4 batteries de cette division entrèrent en jeu sur les hauteurs de Tronville; à 10 heures, son infanterie attaqua les hauteurs au sud de Vionville et de Flavigny, aidée par 4 batteries à cheval de la 5e division de cavalerie. En même temps, l'artillerie de corps prenait position au sud-est de Flavigny contre Rezonville, et la 5e division d'infanterie du 3e corps, sortant du fond de Gorze, renforcée par un détachement du 10e corps, attaquait les bois de Vionville et de Saint-Arnould et cherchait à se relier avec la 6e division vers Flavigny. La 5e et la 6e division de cavalerie appuyaient ces attaques; la dernière bouchait l'intervalle existant tout d'abord entre les deux divisions d'infanterie.

Nous ne pouvons méconnaître l'ardeur, la vigueur dont étaient animés les généraux prussiens, marchant résolûment au canon et ne perdant pas un instant pour accomplir le but marqué à tous. Ainsi, dans cette journée du 16, tous les chefs de colonnes, au bruit du canon, font faire un à-droite à leurs troupes et marchent au nord; le chef du 3e corps n'hésite pas à aborder l'ennemi, qu'il sait être supérieur en forces, sans attendre les ordres du général en chef. C'est que, d'une part, tous connaissaient le plan général, le but à atteindre, qui était d'arrêter à tout prix l'armée française, de lui couper la route de Verdun; d'autre part, tous avaient confiance les uns dans les autres; le chef du 3e corps était certain d'être secouru. C'est là le feu sacré qui doit être l'âme d'une armée voulant la victoire, la concorde qui doit régner entre tous ses éléments, qui doit amener toutes ses parties à concourir sans cesse et avec force au même but désigné, connu au moins de tous les chefs de colonnes.

Devant la brusque attaque des Prussiens, la cavalerie du 2e corps et celle du général de Forton, ayant eu son artillerie démontée, se portèrent en arrière des bivouacs du 2e corps, à hauteur de Rezonville, adossées à Villers-aux-Bois. Le 2e corps se déploya sur les hauteurs qui sont en avant de Rezonville, tenant Vionville, Flavigny, faisant par sa gauche, placée en équerre, face aux bois de Saint-Arnould et des Ognons. Deux divisions et un régiment du 6e corps se déployèrent en avant de Rezonville, entre la route de Verdun et le village de Saint-Marcel; sa 3e division fut placée en arrière de la gauche du 2e corps, parallèlement à la route Metz—Mars-la Tour; le commandant en chef donna l'ordre à la garde de se placer à droite et à gauche de la route sur les crêtes du ravin de la Jurée, au 3⁰ corps de pivoter sur sa gauche pour appuyer le 6⁰ corps et prendre l'ennemi en flanc; le 4⁰ corps devait venir à l'extrême droite appuyer le 3⁰.

Ainsi, dans la première partie de la bataille, la ligne faisait, en grande partie, face à l'ouest et avait un crochet tourné vers le sud. Nous prîmes ainsi une formation défavorable pour nous, désavantageuse soit pour la défensive, soit pour l'offensive. L'ennemi qui s'établit devant l'angle saillant formé par la ligne et le crochet, prend vos lignes, avec son artillerie, à la fois directement et d'enfilade; c'est ainsi que le 2⁰ corps subit de fortes pertes, l'ennemi ayant attaqué avec une violence extrême l'angle saillant formé par le corps d'armée, sur lequel il dirigea plus de cent pièces de canon. En outre, si un côté de la ligne recule, il y a sur un même point encombrement, confusion, désordre; s'il avance, il se fait au saillant une ouverture par où l'ennemi peut pénétrer, comme à la bataille de Prague.

L'infanterie du 2⁰ corps français ne peut tenir sous le feu convergent de l'artillerie prussienne; le village de Vionville, le hameau de Flavigny, sont enlevés par les Prussiens, qui ont ainsi pris pied sur le plateau avec des points d'appui à droite aux bois, au centre à Flavigny, à gauche à Vionville. A midi, leur 3⁰ corps occupait la position qui s'étend du coin nord du bois de Saint-Arnould jusqu'à Vionville, sur une longueur de quatre kilomètres.

IV

Précisons la situation à midi et demi.

A cette heure, l'aile droite des Prussiens, c'est-à-dire la 5ᵉ division d'infanterie, était parvenue à s'établir sur le plateau, la droite au bois de Saint-Arnould, la gauche sur la route de Buxières à Rezonville; cinq batteries tiraient dans l'intervalle de ses deux brigades; cinq autres batteries fermaient la trouée existant entre cette aile et l'aile gauche formée de la 6⁰ division d'infanterie, qui était protégée par onze batteries, dont cinq à droite et six en arrière de Vionville. Cette 6⁰ division, qui a attaqué et pris Vionville et Flavigny, s'étendait sur une seule ligne de Flavigny à la voie romaine; elle était à l'extrême limite de ses forces; les munitions commençaient à lui manquer; à midi et demi, une demi-brigade du 10⁰ corps, arrivée à 11 heures et demie, tenue jusque-là en réserve à Tronville, ayant été envoyée dans les bois de Tronville, au nord-ouest de Vionville, pour chercher, par leur possession, à couvrir la ligne du côté du nord, il ne restait plus en réserve aux Prussiens ni un

CROQUIS
POUR LA
BATAILLE DE REZONVILLE

Echelle au $\frac{1}{400.000}$

canon, ni un fantassin. La ligne de bataille avait une étendue de six kilomètres. Il y avait en tout, en face des Français, 28 1/2 bataillons, 2 divisions de cavalerie et la cavalerie divisionnaire, appuyés par 21 batteries, sur lesquelles 3 tiraient contre les batteries françaises postées au nord de la chaussée romaine; les 18 autres, réparties entre le bois de Saint-Arnould et la route Metz—Mars-la-Tour, sur un arc de cercle de 4,500 mètres environ, concentraient leur feu sur le 6e corps et notamment sur le 2e corps, sur un front de troupes françaises n'ayant pas plus de 3 kilomètres. La supériorité d'artillerie favorisa les premiers progrès des Prussiens et arrêta sur ce front toute offensive de notre part.

Contre les forces énumérées ci-dessus, le commandant en chef de l'armée française pouvait disposer du 2e corps et de la portion du 6e corps, qui avaient soutenu la lutte jusque-là et qui avaient subi de grandes pertes; en outre, comme troupes fraîches, à gauche, de toute la garde et de la division Levassor-Sorval du 6e corps, à droite, de la division Tixier du même corps, des divisions de cavalerie Valabrègue et de Forton, de trois divisions d'infanterie et de la division de cavalerie du 3e corps; ce dernier se tenait dans les environs de Saint-Marcel, environ à 3 kilomètres au nord des bois de Tronville. Ces forces pouvaient être soutenues plus tard, en arrière et à droite, par le 4e corps (deux divisions, une division de cavalerie à laquelle se joignit une brigade de cavalerie de la garde).

D'après la comparaison des forces opposées, c'était donc le moment, entre midi et deux heures, qui, selon toute apparence, aurait pu être choisi pour une offensive vigoureuse de la part des Français, ayant devant eux un adversaire inférieur numériquement, épuisé par la lutte.

Ne suffisait-il pas que le commandant en chef, après avoir renforcé le centre et s'être précautionné sur la gauche, comme il le fit, laissât s'accomplir avec vigueur la manœuvre qu'il avait tout d'abord prescrite au 3e corps, de se rabattre dans le flanc de l'armée prussienne; qu'il profitât ainsi de notre grande supériorité numérique à droite pour s'emparer des bois de Tronville, puis de la hauteur de ce nom, dominant toute la contrée, point de ralliement des renforts prussiens accourant du sud et de l'ouest à l'aide de leur aile gauche, pour prendre par suite à revers la ligne des Prussiens allant du bois de Saint-Arnould à la voie romaine? Dans quel désastre eût pu être jetée l'armée prussienne si, en même temps, notre gauche, prenant l'offensive, fût venue menacer le point important de Gorze?

Voyons ce qui fut fait. On sait que les préoccupations principales du commandant en chef furent tournées vers la gauche, préoccupations naturelles, puisque de ce côté se trouvaient de grands bois favorisant et cachant les mouvements de l'ennemi, et que des troupes nombreuses étaient annoncées comme passant sans cesse la Moselle à Ars et à Novéant. Mais les forces qui se trouvaient de ce côté étaient suffisantes pour parer à toute éventualité; des positions excellentes commandaient les débouchés des bois et des défilés, et les précautions prises par le maréchal devaient permettre, sans nouvelles craintes, l'offensive de la droite; dans aucun cas, ces craintes ne devaient paralyser cette offensive du 3e corps, ce qui malheureusement arriva.

La division des grenadiers de la garde vint relever, au centre, les divisions Bataille et Vergé, et renforcer la brigade Lapasset, du 2e corps; ces deux divisions, fort maltraitées, se ralliaient au sud de Gravelotte, surveillant le débouché du ravin d'Ars. Toute la division de voltigeurs fut envoyée devant le bois des Ognons, qu'occupa le bataillon des chasseurs de la garde. Le bataillon des zouaves de la garde et une brigade de la division Levassor-Sorval défendaient, près de la grande route, le débouché du ravin qui passe entre le bois de Saint-Arnould et le bois des Ognons. Des batteries de 12 et des mitrailleuses étaient aux débouchés de tous les ravins. Ces forces n'étaient-elles pas suffisantes de ce côté? Cependant le commandant en chef, vers deux heures, enlevait au 3e corps la division Montaudon, qu'il appelait de Saint-Marcel à la Maison-de-Poste. Avec ces forces imposantes, on restait à la gauche sur la défensive. Au centre, la première brigade de la division Levassor-Sorval était venue, à l'ouest de Rezonville, rétablir la liaison des grenadiers avec le 6e corps; le maréchal Canrobert pouvait donc disposer de cette brigade, d'un régiment et de deux divisions, dont une fraîche, la division Tixier. Le maréchal avait pris l'offensive, en faisant exécuter à son corps d'armée une demi-conversion à gauche, tout en prolongeant sa droite par la division Tixier; il contraignit ainsi la 6e division d'infanterie prussienne à suspendre son mouvement offensif et à faire front vers le nord. Il avait ensuite résolu de se porter sur Vionville; mais l'attaque furieuse d'une brigade de cavalerie prussienne arrêta ce mouvement ébauché, qui ne fut pas continué, n'étant pas d'ailleurs appuyé à droite par le 3e corps.

En lui enlevant une division, le commandant en chef, ne persistant pas dans son ordre de la première heure, avait fait dire au commandant du 3e corps de maintenir fortement ses positions en se reliant avec le 6e corps. Le 3e corps se borna donc à se déployer, entre deux et trois heures, de Saint-Marcel vers Bruville, et ne fit aucun mouvement en avant. N'aurait-il pu marcher sur Tronville, pouvant compter à gauche sur l'appui de la division Tixier pour s'emparer des bois de Tronville, et en arrière et à droite sur celui du 4e corps, dont une division, dirigée de Doncourt sur Bruville, y arrivait à deux heures trois quarts? L'occasion perdue devait se retrouver, mais trop tard.

Vers trois heures, le 4ᵉ corps français entrait en ligne, à droite du 3ᵉ, marchant sur Bruville, avec deux divisions d'infanterie, appuyées à leur droite par 12 régiments de cavalerie (cavalerie du 3ᵉ et du 4ᵉ corps, du général du Barail, lanciers et dragons de la garde); il couronnait les crêtes, en s'étendant vers la ferme de la Gréyère.

La division Grenier, de ce corps, la division Tixier, du 6ᵉ corps, attaquaient les bois de Tronville, dont elles s'emparaient de la plus grande partie, après un combat acharné d'une heure.

Toute la gauche des Prussiens, excessivement affaiblie, se replie vers l'est ou dans Tronville, où elle s'organise défensivement; leur droite commence à être prise à revers par nos batteries. Quel résultat eût-on obtenu si ce succès n'eût pas été tardif et s'il eût été la conséquence d'un mouvement offensif fait, deux heures plus tôt, par tout le 3ᵉ corps, appuyé à gauche par la division Tixier, et plus tard en arrière par la division Grenier?

V

Mais des renforts arrivaient aux Prussiens : c'était le 10ᵉ corps. Une brigade de sa 19ᵉ division d'infanterie était déjà parvenue sur le champ de bataille dans la matinée, en plusieurs détachements, et s'était jointe au 3ᵉ corps; l'autre brigade, la 38ᵉ, doublant l'étape, arriva de Saint-Hilaire à trois heures, au sud de Mars-la-Tour, et prit un repos d'une heure. A trois heures et demie, l'artillerie de corps vint prendre position à l'est de Mars-la-Tour, au nord de la route de Vionville à Mars-la-Tour, contre les troupes du 4ᵉ corps français, débouchant de Bruville.

La 20ᵉ division du 10ᵉ corps arriva à quatre heures, par Thiancourt et Chambley, dans la contrée de Tronville, après une marche de 45 kilomètres, envoya trois bataillons de renfort à l'aile droite du 3ᵉ corps, et, avec le reste de son infanterie, réoccupa, sans grande difficulté, les bois de Tronville, les Français ne tentant plus rien de ce côté pour le moment, mais se repliant peu à peu sur leurs positions antérieures.

La brigade des dragons de la garde prussienne, venue de Saint-Hilaire, s'établit, avec une batterie à cheval, à Mars-la-Tour, où se réunirent en outre 6 régiments de cavalerie de diverses brigades.

Les Prussiens, dont la maxime dominante est de toujours attaquer jusqu'à la dernière limite des forces comme du temps, ne reculent pas devant l'attaque de notre gauche, malgré notre supériorité numérique et l'avantage de notre position.

Vers quatre heures, la 38e brigade de la 19e division, qui s'était reposée à Mars-la-Tour, tenta d'arrêter la marche du 4e corps français. La force de cette brigade était de cinq bataillons et demi ; elle attaqua en ligne de bataille les hauteurs vers Bruville et la ferme de la Gréyère, occupées par la division Grenier et la division de Cissey, cette dernière étant entrée en ligne à cinq heures. Sept batteries appuyaient cette attaque. Elle fut repoussée ; les Prussiens, ayant perdu la moitié de leur effectif, allèrent, sous la protection de l'artillerie de corps, se reformer au sud de Tronville. Les trois brigades de cavalerie prussienne (6 régiments) vinrent prendre position à l'extrême gauche ; il s'ensuivit un choc sans résultat entre elles et six régiments de cavalerie française.

La brigade repoussée n'avait point de réserve ; les Prussiens se hâtèrent d'appeler à son secours, pour couvrir sa retraite, quelques bataillons engagés dans les bois de Tronville. Pour la seconde fois, leur aile gauche, qui allait maintenant à 4 kilomètres à l'ouest de Vionville, battue, désorganisée, sans soutien, était dans le péril le plus critique. Il était six heures et demie. Le 4e corps français, voyant la nuit approcher, ne profita pas de son succès pour pousser plus avant. Les deux divisions du 3e corps, postées vers Saint-Marcel, furent seulement un peu portées en avant vers la fin de la journée. Le maintien constant d'une défensive peut-être trop prudente, cette inaction, mise en regard de l'ardeur, de l'audace de l'offensive sans cesse poursuivie qui caractérisèrent les Prussiens ce jour-là, nous firent peut-être manquer un résultat plus complet du courage de nos soldats.

Tous les efforts des Prussiens pour déboucher de Vionville sur Rezonville et pour s'emparer des positions mamelonnées que nous occupions à notre gauche furent vains. De même, les mouvements offensifs partiels des Français contre le 3e corps échouèrent devant le feu de l'artillerie prussienne, qui s'était avancée par sa gauche en dépassant Flavigny.

Vers cinq heures et demie commencèrent seulement à arriver de la Moselle des renforts pour soutenir la droite du 3e corps prussien, fort menacé et exposé, si de ce côté nous eussions pris une offensive vigoureuse dans la direction de Gorze. Ce furent 9 bataillons, 3 escadrons, 6 batteries du 8e et du 9e corps, puis 4 bataillons, 4 escadrons du 9e corps, dont l'infanterie chercha sans succès à déboucher, pour les premiers, vers six heures, avec de fortes pertes, des bois de Saint-Arnould et des Ognons, pour les seconds, vers sept heures et demie, du bois des Chevaux.

En voyant que les efforts principaux de l'ennemi se concentraient vers Rezonville, le commandant en chef de l'armée française, craignant moins pour sa gauche, avait renforcé les grenadiers, en avant de Rezonville, par la deuxième brigade de la division Levassor-Sorval, puis par une brigade, et, plus tard, par quatre bataillons de voltigeurs de la garde. Le général Bourbaki avait mis de ce côté en batterie toutes les pièces de la garde. L'obscurité mit fin au combat.

Les deux armées s'attribuèrent la victoire. Les Allemands, repoussés, avaient cependant conservé Vionville et s'étaient établis sur la route sud Metz—Verdun ; ils avaient arrêté la marche de l'armée française sur Verdun, ce qui était leur but stratégique. L'armée française allait, le lendemain, quitter ses positions pour en prendre de nouvelles plus en arrière, et l'ennemi, profitant de ce jour de répit, appelant toutes ses forces au delà de la Moselle et les concentrant, allait s'interposer avec des forces doubles entre Metz et Verdun.

Le 17, en effet, l'armée française eût trouvé devant elle immédiatement : le 3ᵉ et le 10ᵉ corps reformés, avec la 5ᵉ et la 6ᵉ division de cavalerie, tout le 9ᵉ corps formé, à six heures du matin, au sud de Flavigny, et le 8ᵉ corps, dont la 16ᵉ division, n'ayant qu'une brigade, avait combattu la veille, et dont la 15ᵉ division, commençant à passer la Moselle à Arry, avec l'artillerie de corps, à quatre heures du matin, laissant Gorze à gauche, n'avait que 12 kilomètres à faire pour arriver à Rezonville. Un peu plus tard, mais dans la matinée, devaient arriver vers Gravelotte le 7ᵉ corps, qui, parti à six heures du matin, passant par Corny et Ars, avait 18 kilomètres à faire, et dont l'avant-garde était engagée de bonne heure dans les bois des Ognons et de Vaux, puis la 1ʳᵉ division de cavalerie. Enfin, les têtes de colonnes du 12ᵉ corps arrivaient à 9 heures et demie à Xonville, à 5 kilomètres de Tronville, et celles de la garde, à une heure de l'après-midi, à Hagéville, à 6 kilomètres de Tronville.

VI

De ce qui précède il nous semble ressortir que la conviction à peu près générale de l'armée de Metz que, le 16, les Prussiens eussent pu être jetés dans la Moselle, a un fondement assez solide de probabilité.

Mais nous n'oublions pas combien la vérité est difficile à entrevoir sur un champ de bataille, que c'est l'apanage du génie de deviner les intentions, de prévoir les mouvements de son adversaire, de faire jaillir soudainement la lumière des mille apparences trompeuses et confuses, des dires contradictoires, de saisir d'un coup d'œil le point faible de l'ennemi, la manœuvre à exécuter et de mener celle-ci énergiquement à bonne fin.

Nous allons rappeler une bataille qui, comme manœuvre, a quelque analogie avec celle du 16 août, et dans laquelle le génie se montra à l'œuvre dans ses principales qualités.

En 1813, Napoléon ayant franchi la Saale à Mersebourg, Weissenfels, Naumbourg, marcha, le 2 mai, avec toutes ses forces, dans la direction de Leipzig, pour prendre en flanc l'armée des coalisés (Russes et Prussiens) qui, partie de Dresde, remontait l'Elster sur la rive droite, en se dirigeant vers les montagnes où elle cherchait Napoléon. De l'armée du prince Eugène, arrivée à Marckanstædt, le corps de Lauriston fut dirigé sur Leipzig, celui de Macdonald sur Zwenckau; entre ces deux corps, sur la route de Leipzig, se tenait le prince Eugène avec la division Durutte, la cavalerie Latour-Maubourg et une forte réserve d'artillerie. Napoléon suivait la route de Lutzen à Leipzig avec la garde. Le corps de Marmont venant de Naumbourg, celui d'Oudinot qui était plus en arrière, le corps de Bertrand venant de Cambourg et de Dornbourg, devaient franchir le Ripparh et se porter ensuite entre Zwenckau et Pégau. Connaissant que l'armée coalisée cheminait, en le remontant, derrière l'Elster, sur Zwenckau et Pégau, craignant qu'elle ne se réunît en masse sur son flanc droit pendant sa marche sur Leipzig, Napoléon plaça le corps de Ney aux environs de Lutzen et l'établit à un groupe de cinq villages dont le principal s'appelait Kaja.

L'armée française, dans le cas prévu d'une attaque sur son flanc droit, présentait ainsi, comme le corps de Davout en 1809, une disposition échelonnée, la gauche en avant. Le corps de Ney reliait la gauche avec la droite, et était le pivot autour duquel s'effectuait le mouvement général qu'il protégeait. Cette prévoyance lumineuse de Napoléon fut pleinement justifiée.

Pendant que, le 2 mai au matin, une division de Lauriston s'emparait de Leipzig, que toute l'armée était en marche dans la direction de cette ville, les alliés, forts de 80,000 hommes, ayant passé l'Elster dans la nuit, à Zwenckau et Pégau, étant venus se ranger sur le flanc de l'armée française, parallèlement à la route de Lutzen à Leipzig, appuyant leur droite au ruisseau de Floss-Graben, leur gauche au Ripparh, attaquaient notre armée en marche dans son flanc droit, à Kaja même, où Blücher, à la tête de 40,000 hommes, assaillait Ney (30,000 hommes) avec furie et surprenait même une de ses divisions. Napoléon, averti par la canonnade, n'hésita pas et renversa en un seul instant son ordre de bataille; il prescrivit à tous ses corps de faire à-droite et de marcher au secours de Ney. Lauriston dut garder Leipzig avec une division et échelonner les deux autres en arrière, la tête tournée vers Zwenckau; Macdonald (18.000 hommes) dut se rabattre de la direction de Zwenckau sur Eisdorf et Kitzen pour venir flanquer la gauche de Ney, déborder

JOURNAL DES SCIENCES MILITAIRES.   Novembre 1875.

CROQUIS POUR LE **COMBAT DE TENGEN**

CROQUIS POUR LA **BATAILLE DE LÜTZEN**

l'ennemi; avec le reste de ses troupes, le prince Eugène soutiendra Macdonald; le corps de Marmont (12,000 hommes), le plus rapproché de Ney, viendra appuyer la droite de ce dernier à Starsiedel, ce qu'il avait fait de lui-même; Bertrand (22,000 hommes) débouchera sur les derrières de l'ennemi, en se liant avec Marmont; la garde (18,000 hommes) fut dirigée immédiatement de Lutzen sur Kaja; elle y arriva à temps, au moment critique où Ney venait de perdre ce village pour la seconde fois, sous les efforts de la deuxième ligne ennemie (18,000 hommes); son arrivée décida la victoire; l'ennemi, qui n'avait point fait avancer ses réserves (18,000 hommes) à l'instant décisif, bientôt débordé à droite par Macdonald (deux divisions) qui, se déployant à quatre heures, prenait Eisdorf, puis Kitzen, et menaçait ses communications avec l'Elster, débordé à gauche par Marmont et Bertrand dont le canon se faisait entendre sur ses derrières, dut battre en retraite.

Cet exemple célèbre nous montre le génie dans la plénitude de son action comme prévoyance, comme rapidité soudaine de conception, comme vigueur d'exécution; mais nous porterions un jugement téméraire si nous prenions un pareil génie comme terme de comparaison; le jugement doit se borner à condamner le manque de prévoyance et de calcul, l'hésitation funeste, le défaut d'énergie, les fautes contre les règles établies. C'est aux écrivains militaires plus expérimentés et plus autorisés que nous à porter un jugement définitif sur ces divers points. Nous n'avons voulu, dans cette étude, que faire ressortir celui-ci que, le 16 août, au lieu d'un succès contesté par les deux parties, l'armée française eût pu faire essuyer, aux forces ennemies qui l'avaient imprudemment attaquée, un désastre complet.

Paris. — Imprimerie de J. Dumaine, rue Christine, 2.

www.ingramcontent.com/pod-product-compliance
Lightning Source LLC
Chambersburg PA
CBHW060901050426
42453CB00011B/2072